Guitar Chord Songbook

Tom Petty

T0084230

Photo of Rickenbacker guitar courtesy of Geoff Chapluk
Cover photo by Dennis Callahan

ISBN-13: 978-1-4234-1849-8

HAL•LEONARD® CORPORATION

7777 W. BLUEMOUND RD. P.O. BOX 13819 MILWAUKEE, WI 53213

Visit Hal Leonard Online at
www.halleonard.com

Guitar Chord Songbook

Contents

American Girl

Words and Music by Tom Petty

Melody:

Well, she was an A - mer - i - can girl

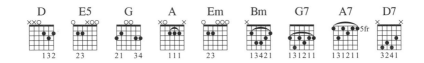

D   E5   G   A   Em   Bm   G7   A7   D7

Intro

‖: D | | | :‖

‖: D | E5 | G | A :‖

Verse 1

  D   E5
Well, she was an A-merican girl

G   A
Raised on promises.

D   E5
She couldn't help thinkin'

                  G   A
That there was a little more to life somewhere else.

                D
After all it was a great big world

G   Em
With lots of places to run to.

A
Yeah, and if she had to die tryin' she

Had one little promise she was gonna keep.

Chorus 1

G   A
Oh, yeah,   all right.

D
Take it easy, baby,

Bm
Make it last all night.

G   A   D
She was   an American girl.

Verse 2

D   E5
Well, it was kind of cold that night.

G   A
She stood all alone over the balcony.

D   E5
Yeah, she could hear the cars roll by

      G   A
Out on 441 like waves crashin' on the beach.

               D
And for one desperate moment there,

G   Em
He crept back in her memory.

A
God, it's so painful when somethin' that is so close

Is still so far out of reach.

Chorus 2   *Repeat Chorus 1*

Interlude

‖: G7 | A7 D7 :‖ *Play 3 times*
G7	A7
D			
	E5	G	A
D	E5	G	A

Outro   ‖: D | E5 | G | A :‖ *Repeat and fade*

Anything That's Rock & Roll

Words and Music by
Tom Petty

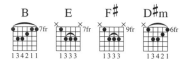

Some friends _ of mine and me stayed up all _ through the night, _

B   E   F#   D#m

Intro   ‖: **B** | | | :‖ *Play 3 times*

Verse 1

    B
Some friends of mine and me stayed up all through the night,

Rockin' pretty steady till the sky went light.

    E
And I didn't go to bed, didn't go to work.

      F#
I picked up ____ the telephone told the boss he was a jerk.

Verse 2

    B
Your mama don't like it when you run around with me

But we got to hip your Mama that you got to live free.

E
Don't need her, don't need school.

    F#
You don't like your daddy and you don't like rules.

	E
Chorus 1	So, come on baby let's go.

                                  B

Don't you hear the rock 'n' roll playin' on the radio?

Sounds so right.

E

Girl you better grab hold, everybody got to know

B   **F♯**   **E**

Anything that's rock 'n' roll's fine. (Anything that's rock 'n' roll's fine.)

                              ʙ

Anything that's rock 'n' roll's fine.

	D♯m **B**
Bridge	Oh, oh, oh, hold me little baby.

       D♯m   **B**

I'm a little bit shakin', I'm a little bit crazy.

       E

But I know what I want, I want it right now.

           F♯

While the 'lectric guitars are playin' way up loud.

Guitar Solo	*Repeat Verse 1 (Instrumental)*

	E
Chorus 2	Come on baby let's go.

                                  B

Don't you hear the rock 'n' roll playin' on the radio?

Sounds so right.

E

Come on, baby, grab hold, everybody got to know

B   **F♯**   **E**

Anything that's rock 'n' roll's fine. (Anything that's rock 'n' roll's fine.)

                              B

Anything that's rock 'n' roll's fine.

	B
Outro	(Truly, truly fine, this rock 'n' roll is so fine.)

(Truly, truly fine, this rock 'n' roll is so fine.) ***Repeat and fade***
                                                       w/ lead vocal ad lib.

Breakdown

Words and Music by
Tom Petty

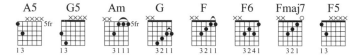

A5   G5   Am   G   F   F6   Fmaj7   F5

Intro

| A5 G5 | A5 G5 | A5 Am G | N.C. | | | |
||: Am G | Am G | Am G | Am G :||

Verse 1

Am   G   Am   G
    It's al - right if you love me,

Am   G   Am   G
    It's al - right if you don't.

Am   G   Am   G
I'm not a - fraid of you runnin' a - way, honey,

Am G   F   F6 Fmaj7 F6
I get ____ the feeling you won't.

Verse 2

                         Am   G   Am   G
Whispered: (I said…)   There is no ____ sense in pre - tending;

Am   G   Am G
    Your eyes ____ give you a - way.

Am   G   Am   G
Somethin' in - side you is feelin' like ____ I do.

Am   G   F F6 Fmaj7 F6
We've said __ all there is to say.   Baby.

Chorus 1

A5   G5   F5   G5
Break - down, go ahead, give it to me.

A5   G5   F5   G5
Break - down, honey, take ___ me through the night.

A5   G5   F5   G5
Break - down, now I'm standin' here, can't you see?

A5   G5   F   F6 Fmaj7 F6
Break - down, it's al - right.

       F
It's al - right.

Interlude

‖:   Am G |Am G |Am G |Am G :‖
It's al - right.

|Am G |Am G |Am G |F |

| |

Chorus 2

A5   G5   F5   G5
Break - down, go ahead, give it to me.

A5   G5   F5   G5
Break - down, honey, take ___ me through the night.

A5   G5   F5   G5
Break - down, now I'm standin' here, can't you see?

A5   G5   F   F6 Fmaj7 F6
Break - down, it's al - right.

       F
It's al - right.

Outro

       Am G Am G Am G Am G
It's al - right.   (Ah.)

‖: Am G |Am G |Am G |Am G :‖ *Repeat and fade*
           (Ah.)

Change of Heart

Words and Music by
Tom Petty

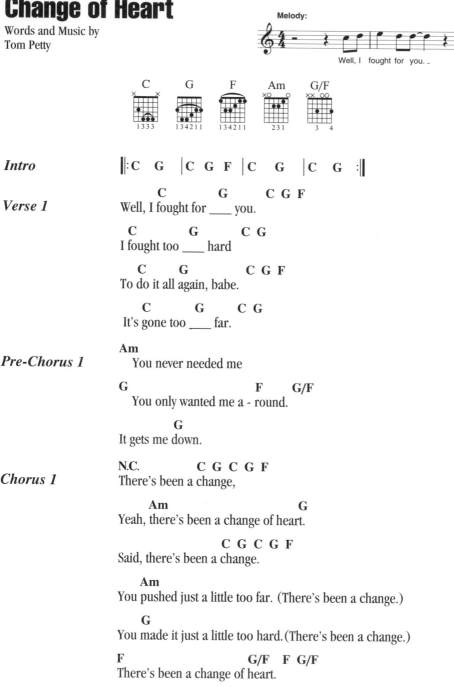

Melody:

Well, I fought for you.

C   G   F   Am   G/F

Intro ‖: C G │C G F │C G │C G :‖

Verse 1
              C   G   C G F
Well, I fought for ___ you.

  C   G   C G
I fought too ___ hard

   C   G   C G F
To do it all again, babe.

         C   G   C G
It's gone too ___ far.

Pre-Chorus 1
    Am
  You never needed me

G   F   G/F
  You only wanted me a - round.

           G
It gets me down.

Chorus 1
N.C.   C G C G F
There's been a change,

      Am   G
Yeah, there's been a change of heart.

               C G C G F
Said, there's been a change.

    Am
You pushed just a little too far. (There's been a change.)

   G
You made it just a little too hard.(There's been a change.)

F   G/F   F G/F
There's been a change of heart.

Verse 2

        C G   C G F
I'll get o - ver you

      C   G   C G
It won't take ____ long.

      C   G   C G F
I stood in your gallery

                C   G   C G
To see what's hangin' from the walls.

Pre-Chorus 2

      Am
You were the moon and sun.

G   F   G/F
You're just a loaded gun now.

        G
It gets me down.

Chorus 2   *Repeat Chorus 1*

Bridge

G   C   G   C
Whoa yeah,   oh boy.

Am   G   F   C
Looks like we finally reached the turning point.

G   C   G   C
Oh me,   oh my,

Am   G   F
Looks like it's time for me to kiss it goodbye.

      G
Yeah, kiss it goodbye.

Chorus 3   *Repeat Chorus 1*

Outro   ‖: F | :‖ *Repeat and fade*

Don't Come Around Here No More

Words and Music by
Tom Petty and David Stewart

Melody:

Don't come a-round here _ no more. _

(Capo 3rd fret)

D5   D6   G5/D   G$^6_9$(no3rd)   A6sus4   A   F#m   Em   G   D

Intro	‖: D5 D6	D5 G5/D	:‖
	‖: D5 G$^6_9$(no3rd)	A6sus4 G$^6_9$(no3rd)	:‖ *Play 4 times*

Verse 1

D5   G$^6_9$(no 3rd)   A6sus4   G$^6_9$(no 3rd)
  Don't come around here no more.

D5   G$^6_9$(no 3rd)   A6sus4   G$^6_9$(no 3rd)
  Don't come around here no more.

D5   G$^6_9$(no 3rd)   A6sus4   G$^6_9$(no 3rd)
  What - ever you're looking for,

D5   G$^6_9$(no 3rd)   A6sus4   G$^6_9$(no 3rd)
(Hey!) Don't come around here no more.

Pre-Chorus 1

A   F#m   A
  I've given up. (Stop!)   I've given up. (Stop!)

N.C. (Em)
(Ah, _____ oo.)

A   F#m
  I've given up (Stop!) on waiting any longer.

A   Em   F#m   G   A
  I've given up on this love ___ getting stron - ger.

GUITAR CHORD SONGBOOK

	D5	G6/9(no 3rd)		A6sus4 G6/9(no 3rd)
Chorus 1		(Don't come around here no more.)		

D5   G6/9(no 3rd)   A6sus4 G6/9(no 3rd)
(Don't come around here no more.)

D5   G6/9(no 3rd)   A6sus4 G6/9(no 3rd)
(Don't come around here no more.)

D5   G6/9(no 3rd)   A6sus4 G6/9(no 3rd)
(Don't come around here no more.)

Verse 2

D5   G6/9(no 3rd)   A6sus4 G6/9(no 3rd)
Don't feel you anymore.

D5   G6/9(no 3rd)   A6sus4 G6/9(no 3rd)
You darken my door.

D5   G6/9(no 3rd)   A6sus4 G6/9(no 3rd)
What - ever you're looking for,

D5   G6/9(no 3rd)   A6sus4 G6/9(no 3rd)
(Hey!) Don't come around here no more.

Pre-Chorus 2

A   F#m A
   I've given up. Stop!   I've given up. Stop!

N.C. (Em)
(Ah, _____ oo.)

A   F#m
I've given up. (Stop!) You tangle my emotions.

A   Em   F#m   G A
I've given up. Honey, please ___ ad - mit it's o - ver.

Interlude | N.C.(D) | | | |

                                            (Hey!)

Chorus 2   *Repeat Chorus 1*

Verse 3

D5   G$\frac{6}{9}$(no 3rd)   A6sus4   G$\frac{6}{9}$(no 3rd)
Stop walking down my street.

D5   G$\frac{6}{9}$(no 3rd)   A6sus4   G$\frac{6}{9}$(no 3rd)
(Don't come around here no more.)

D5   G$\frac{6}{9}$(no 3rd)   A6sus4   G$\frac{6}{9}$(no 3rd)
Who do you ___ expect to meet?

D5   G$\frac{6}{9}$(no 3rd)   A6sus4   G$\frac{6}{9}$(no 3rd)
(Don't come around here no more.)

D5   G$\frac{6}{9}$(no 3rd)   A6sus4   G$\frac{6}{9}$(no 3rd)
And what - ever you're looking for,

D5   G$\frac{6}{9}$(no 3rd)   A6sus4   G$\frac{6}{9}$(no 3rd)
(Hey!) Don't come around here no more.

Outro

D5   G$\frac{6}{9}$(no 3rd)   A6sus4   G$\frac{6}{9}$(no 3rd)
(Hey!)

D5   G$\frac{6}{9}$(no 3rd)   A6sus4   G$\frac{6}{9}$(no 3rd)
(Ah.)

      D5   G$\frac{6}{9}$(no 3rd)   A6sus4   G$\frac{6}{9}$(no 3rd)
Honey, please, don't come around here no more.

| D5 | G$\frac{6}{9}$(no3rd) | A6sus4 | G$\frac{6}{9}$(no3rd) |
                                  What-ever you're looking

| D5 | G$\frac{6}{9}$(no3rd) | A6sus4 | G$\frac{6}{9}$(no3rd) |
for.

‖: D5 | G$\frac{6}{9}$(no3rd) | A6sus4 | G$\frac{6}{9}$(no3rd) :‖ *Repeat and fade*

Don't Do Me Like That

Words and Music by Tom Petty

Melody:

I was talk-in' with a friend of mine,

Chord diagrams: G · Fadd9 · Csus2 · D · Em7 · C · G5 · C5 · Cm

Intro ‖: G │ Fadd9 │ Csus2 │ D :‖

Verse 1

G   **Fadd9**
I was talkin' with a friend of mine,   said a woman had hurt his pride.

Csus2   **D**
Told him that she loved him so and   turned around and let him go.

G
Then he said, "You better watch your step

Fadd9
Or you're gonna get hurt yourself.

Csus2   **D**
Someone's gonna tell you lies,   cut you down to size."

Chorus 1

G   **Fadd9**
Don't do me like that,   don't do me like that.

Em7   **C**   **D**
What if I loved you, baby?   Don't do me like that.

G   **Fadd9**
Don't do me like that,   don't do me like that.

Em7   **C**   **D**
Someday I might need you, baby.   Don't do me like that.

Verse 2

G   Fadd9
Listen, honey, can you see?   Baby, you would bury me

Csus2   D
If you were in a public eye   givin' someone else a try.

G
And you know you better watch your step

Fadd9
Or you're gonna get hurt yourself.

Csus2   D
Someone's gonna tell you lies,   cut you down to size.

Chorus 2

G   Fadd9
Don't do me like that,   don't do me like that.

Em7   C   D
What if I loved you, baby?   Don't, don't, don't, don't.

G   Fadd9
Don't do me like that,   don't do me like that.

Em7   C   D
What if I need you, baby?   Don't do me like that.

Bridge

        G5   C5
'Cause somewhere deep down inside someone is sayin',

        G5   C5
"Love ___ doesn't last that long."

G5   C5
I've had this feelin' inside night out and day in,

        Cm   D
And babe, I can't take it no more.

Verse 3   *Repeat Verse 2*

Chorus 3

G   **Fadd9**
Don't do me like that,   don't do me like that.

Em7   **C**   **D**
What if I loved you, baby?   Don't, don't, don't, don't.

G   **Fadd9**
Don't do me like that,   don't do me like that.

Em7   **C**   **D**
I just might need you, honey.   Don't do me like that. Now, wait.

Outro

G   **Fadd9**
Don't do me like that,   don't do me like that.

Em7   **C**   **D**
Baby, baby, baby.   Don't, don't, don't, don't.

G   **Fadd9**
Don't do me like that,   don't do me like that.

Em7   **C**   **D**
Baby, baby, baby.   Oh, oh, oh.

| **G** | **Fadd9** | **Em7** | **C**   **D** | *Fade out* |

Dreamville

Words and Music by
Tom Petty

Go - in' down to Lil - li - an's   mu - sic store

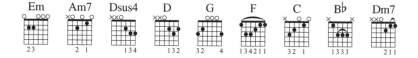

Intro	│Em │Am7 │Dsus4 D │G │

Verse 1

Em   Am7
Going down to Lilian's music store

Dsus4   D   G
To buy a black ___ diamond string.

Em   Am7
Gonna wind it up on my guitar

Dsus4   D   G
Gonna make that ___ silver sing.

Chorus 1

F   C
Like it was Dream - ville

F   C
A long time a - go.

F   C
A million miles a - way

F   C
All the trees were green

Dsus4   D   Dsus4   D
In Dream - ville.

GUITAR CHORD SONGBOOK

Verse 2

Em   Am7
I keep wakin' up all by myself

       Dsus4   D   G
With a bluejay ____ in my brain.

Em   Am7
Flappin' his wings, makin' me sing

       Dsus4 D   G
It was just a - bout to rain.

Chorus 2

             F   C
Like it was Dream - ville

      F   C
Where I was born.

      F   C
Light years from here

        F   C
And the air smelled good

      Dsus4   D   Dsus4 D
In Dream - ville.

Interlude

Bb F	Bb F	Bb F	G
Bb F	Bb F	Bb F	Dm7
	G		

Chorus 3

           F   C
Like it was Dream - ville

      F   C
A long time a - go.

      F   C
Light years from here.

      F   C
And the trees were green

      Dsus4   D   Dsus4 D
In Dream - ville.

Verse 3

      Em   **Am7**
Ridin' with my mama to Glenn Springs Pool

      Dsus4   **D**   **G**
The water was cold my lips were blue.

           Em   **Am7**
There was rock 'n' roll a - cross the dial.

        Dsus4 D   **G**
When I think of her it makes me smile.

Chorus 4

              F   **C**
Like it was Dream - ville

        F   **C**
A long time a - go.

         F   **C**
A million miles a - way

       F   **C**
All the trees were green

     Dsus4   **D**   **Dsus4 D**   **G**
In Dream - ville.   In Dreamville.

Chorus 5

            F   **C**
Yeah, it was Dream - ville

        F   **C**
A long time a - go.

        F   **C**
Light years from here

       F   **C**
And the air smelled good

     Dsus4   **D**   **Dsus4 D**   **Dsus4**   **D**   **Dsus4 D**
In Dream - ville.   In Dream - ville.

Here Comes My Girl

Melody:

Words and Music by
Tom Petty and Mike Campbell

But when she puts _ her arms _ a - round _ me, _

A   B/A   E   F#m   B   F#7

Intro   ‖: A |B/A |A |B/A   :‖

Verse 1

                    A   B/A
Spoken: *You know sometimes I don't know why,*

                                      A   B/A
But this old town just seems so hopeless.

A   B/A
  I ain't really sure, but it seems I re - member the good times

                             A   B/A
Were just a little bit more   in focus.

A   B/A
  But when she puts her arms around ____ me,

        A   B/A
I can   somehow rise above it.

A   B/A
  Yeah, man, when I got that little girl standin' ____ right by my side,

                 A   B/A
You know, I can tell the whole wide world to shove it, hey.

Chorus 1
                       E   **A**
Here comes my girl.

                       E   **A**
Here comes my girl.

F#m   **B**
  Yeah, and she looks ___ so right.

She is all I need tonight.

Verse 2
                  A   **B/A**
Spoken: Ev'ry now and then I get down to the end of the day,

           A   **B/A**
I have to stop   ask myself why I've done it.

A   **B/A**
* It just seems so useless to have to work so hard*

                       A   **B/A**
And nothin' ever really seem to come from it.

A   **B/A**
  And then she looks me in the eye ___ and says,

"We're gonna last forever."

      A   **B/A**
An' man, you know I can't begin to doubt it.

A   **B/A**
No, 'cause this feels so good and so free ___ and so right.

         A   **B/A**
I know we ain't never gon' change our minds about it, hey.

Chorus 2   *Repeat Chorus 1*

Bridge | **F#7** | | | |

        Watch her walk.   *Uh.*

    | | | | |

              A   **B/Λ**

Verse 3   *Spoken:*   *Yeah, ev'ry time it seems like there ain't nothin' left no more*

                            A   **B/A**

    I find myself havin' to reach out and grab hold of somethin'.

    A   **B/A**

       Yeah, I just catch myself wonderin' and waitin' and worryin'

                          A   **B/A**

    About some silly little things   *that don't add up to nothin'.*

    A   **B/A**

      And then she looks me in the eye ____ and says,

    "We're gonna last forever."

       A   **B/A**

    An' man, you know I can't begin to doubt it.

    A   **B/A**

      No, 'cause this feels so good and so free and so right.

                    A   **B/A**

    I know we ain't never gon' change our minds a - bout it, hey.

Chorus 3   *Repeat Chorus 1*

Outro   ‖: **A** | **B/A** | **A** | **B/A**   :‖ *Repeat and fade*

Even the Losers

Words and Music by
Tom Petty

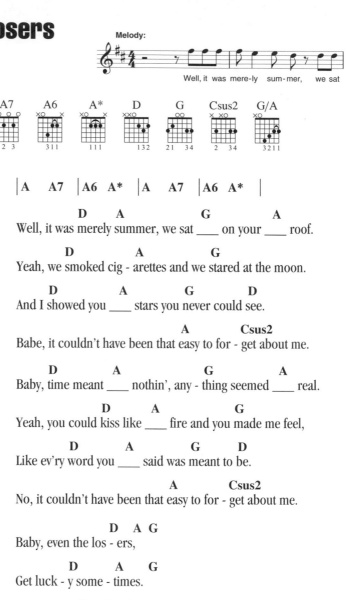

Melody:

Well, it was mere-ly sum-mer, we sat

A A7 A6 A* D G Csus2 G/A

Intro

| A   A7 | A6 A* | A   A7 | A6 A* |

Verse 1

        D   A   G   A
Well, it was merely summer, we sat ____ on your ____ roof.

        D   A   G
Yeah, we smoked cig - arettes and we stared at the moon.

       D   A   G   D
And I showed you ____ stars you never could see.

                         A   Csus2
Babe, it couldn't have been that easy to for - get about me.

Verse 2

        D   A   G   A
Baby, time meant ____ nothin', any - thing seemed ____ real.

          D   A   G
Yeah, you could kiss like ____ fire and you made me feel,

       D   A   G   D
Like ev'ry word you ____ said was meant to be.

                       A   Csus2
No, it couldn't have been that easy to for - get about me.

Chorus 1

          D A G
Baby, even the los - ers,

         D   A   G
Get luck - y some - times.

         D A G
Even the los - ers,

Keep a little bit of pride.

        A
They get lucky sometimes. Hey!

Guitar Solo

```
|D   A  |G   A  |        |        |
|D   A  |G      |        |        |
|D   A  |²₄G    |⁴₄D     |        |
|    A  |Csus2  |        |        |
```

Bridge

    A   G/A   A   G/A
Two cars parked on the over - pass.

    A   G/A   A   G/A
Rocks hit the water like broken glass.

        A   G/A   A   G/A
I should've known right ___ then it was too ___ good to last.

      A   G/A   G
God, ___ it's such a drag when you're livin' in the past.

Chorus 2   *Repeat Chorus 1*

Chorus 3   *Repeat Chorus 1*

Chorus 4

               D A G
Baby, even the los - ers,

          D   A   G
Get luck - y some - times.

            D A G
Even the los - ers,

          D   A   G
Get luck - y some - times. Oh,   oh, oh, oh.

Outro

```
|D   A  |G       |D   A  |G       |
```

            D A G
Even the los - ers,

          D   A   G
Get luck - y some - times.   Oh, oh.

```
||:D   A  |G       |D   A  |G       :||  Repeat and fade
```

A Face in the Crowd

Words and Music by
Tom Petty and Jeff Lynne

Be-fore all of this ___ ev-er went down, ___

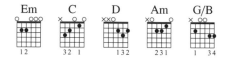

Em   C   D   Am   G/B

| *Intro* | ‖: **Em** | | **C** | :‖ |

Verse 1

             Em   **C**
Before all of this ___ ever went down,

             Em   **C**
In another place, ___ another town.

Chorus 1

           D   **Am**
You were just ___ a face in the crowd.

           D   **Am**
You were just ___ a face in the crowd.

           G/B   **Am**
Out in the street, ___ walking around.

         Em   **C**
Face in the crowd.

Verse 2

              Em   C
Out of a dream, ____ out of the sky,

             Em   C
Into my heart, ____ into my life.

Chorus 2

                D   Am
And you were just ____ a face in the crowd.

            D   Am
You were just ____ a face in the crowd.

              G/B   Am
Out in the street, ____ thinking out loud.

             Em
A face in the crowd.

Interlude   ‖: C | | D | :‖

Verse 3

              Em   C
Out of a dream, ____ out of the sky,

             Em   C
Into my heart, ____ into my life.

Chorus 3   *Repeat Chorus 1*

Outro

             Em   C
Face in the crowd.

             Em   C
A face in the crowd.

             Em   C   Em   C
A face in the crowd.   *Fade out*

Free Fallin'

Words and Music by
Tom Petty and Jeff Lynne

Melody:

She's a good girl, — loves her ma - ma,

(Capo 1st fret)

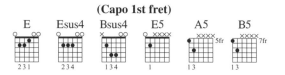

E   Esus4   Bsus4   E5   A5   B5

Intro |E   Esus4 | E   Bsus4 |E   Esus4 | E   Bsus4 |

Verse 1
        E   Esus4   E   Bsus4
She's a good girl, loves ____ her mama,

        E   Esus4   E   Bsus4
Loves Je - sus, and Amer - ica too.

        E   Esus4 E   Bsus4
She's a good girl, cra-zy 'bout Elvis,

        E   Esus4   E   Bsus4 E Esus4 E Bsus4
Loves hor - ses and her boy - friend, too.

Verse 2
        E   Esus4 E   Bsus4
And it's a long day livin' in Re - seda.

        E   Esus4   E   Bsus4
There's a free - way runnin' through the yard.

        E   Esus4   E   Bsus4
And I'm a bad boy 'cause I don't even miss her.

        E   Esus4   E   Bsus4
I'm a bad boy for break - in' her heart.

Chorus 1
        E   Esus4 E Bsus4 E   Esus4 E Bsus4
Now I'm free,   free fallin'.

        E   Esus4 E Bsus4 E   Esus4 E Bsus4
Yeah, I'm free,   free fallin'.

Verse 3

        E   Esus4   E   Bsus4
Now all the vam - pires walkin' through the valley

      E   Esus4   E   Bsus4
Move west down Ventu - ra Boule - vard.

        E   Esus4   E   Bsus4
And all the bad boys are standin' in the shadows.

        E   Esus4   E   Bsus4
And the good girls are home with broken hearts.

Chorus 2   *Repeat Chorus 1*

Interlude 1 | E Esus4 | E Bsus4 |

           E   Esus4   E Bsus4
           (Free fallin', I'm a free fallin', I'm a…)

           | E Esus4 | E Bsus4 |

           E   Esus4   E Bsus4
           (Free fallin', I'm a free fallin', I'm)

Verse 4

           E   Esus4 E   Bsus4
I wanna glide down o - ver Mul - holland,

          E   Esus4 E   Bsus4
I wanna write her name in the sky.

          E   Esus4 E   Bsus4
I'm gonna free fall out into nothin',

         E   Esus4   E   Bsus4
Gonna leave this world for a while.

Chorus 3   *Repeat Chorus 1*

Interlude 2 | E   A5 | E   B5 |

     E5   A5   E5 B5
     (Free fallin', I'm a free fallin,)

Outro

          E Esus4 E Bsus4 E   Esus4 E Bsus4
Yeah, I'm free,   free fallin'.   Oh!

      E   Esus4   E Bsus4
||: (Free fallin', I'm a free fallin', I'm a)   :|| *Repeat and fade*

Free Girl Now

Words and Music by
Tom Petty

Melody:

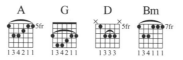

An' I ___ re-mem - ber when you were his dog. _

A   G   D   Bm

Intro
| A G D | | A G D | |

                                    Hey!

| A G D | | A G D | |

Verse 1

A   G   D
I re - member when you were his dog

A   G   D
I re - member you under his thumb.

A   G   D
Yeah, ba - by, when he would call

A   G   D
Ev'ry time ___ you ___ had to come.

Chorus 1

         A   G D   A   G D
Hey baby,   you're a free girl now.

         A   G D   A   G
Hey baby,   you're a free girl now.

Verse 2

A   G   D
I re - member when he was your boss.

A   G   D
I re - member him touching your butt.

A   G   D
I re - member you counting your blessings

A   G   D
Yeah, hon - ey, you had to keep your mouth shut.

Chorus 2

 A G D   A   G D
Hey baby,   you're a free girl now.

 A G D   A   G
Yeah, baby,   you're a free girl now.

Bridge

Bm   A
Yeah, well alright

     D   G
Honey, put ____ your sugar down.

Bm   A
Dazzle, dazzle the moon ____ above

   D   G
Lay ____ your victim down. ____ Alright.

Guitar Solo   *Repeat Verse 1 (Instrumental)*

Interlude |A G D | |A G D | |

Verse 3

A   G   D
 No long - er will you be a slave.

A   G   D
 No long - er will you have to crawl.

A   G   D
 No long - er will ____ you suffer.

A   G   D
 No long - er will ____ you stall.

Verse 4

A   G   D
 One day ____ you'll live for a reason.

A   G   D
 One day ____ you'll ____ be gone.

A   G   D
 No more ____ when you walk from the table

A   G   D
 No long - er will you bow down.

Chorus 3   *Repeat Chorus 1*

Chorus 4   *Repeat Chorus 2*

Outro ||:A G |D |A G |D   :||

I Need to Know

Melody:

Words and Music by
Tom Petty

Well, the talk on the street says you might go so - lo.

E5   D   Csus2   A   B

Intro

| E5 | | | D | |

| E5 | | | D | |

Verse 1

       D   **E5   D**
Well, the talk on the street says you might go solo.

                                      E5   D
Good friend of mine saw you leavin' by your back door.

Chorus 1

        E5   **D**
I need to know, (I need to know.) I need to know. (I need to know.)

        Csus2   **D**
If you're think you're gonna leave then you better say so.

        E5   **D**
I need to know, (I need to know.) I need to know (I need to know.)

        Csus2   **D**
Because I don't know how long I can hold on.

        Csus2   **D**
If you're making me wait, if you're leading me on,

        E5   **D**   **E5**   **D**
I need to know, (I need to know.)   I need to know. (I need to know.)

Verse 2

D5   **E5   D**
Who would have thought that you'd fall for his line?

                             E5   D
All of a sudden it's me on the outside.

Chorus 2   *Repeat Chorus 1*

Guitar Solo

| A | | E5 | | |

| A | | E5 | B | | |

Chorus 3   *Repeat Chorus 1*

Outro

                 E5   **D**   **E5**
Baby, I need to know.

Jammin' Me

Words and Music by
Tom Petty, Mike Campbell and Bob Dylan

A/E   E   A   D   D/A   B   Bm   G   F#m   Esus4

Intro   A/E │ E A/E │ E A/E │ E A/E │ E A/E │
           │ E A/E │ E A/E │ E A/E │ E A D │

Verse 1
D   A E   A D
You got me   in a cor - ner.

     A E   A D
You got me   against the wall.

     A E   A D
I got no - where to go.

     A E   A D
I got no - where to fall.

Verse 2
D   A   E   A D
Take back ___ your ___ insur - ance,

     A E   A D
Baby, noth-in' is guaranteed.

     A   E   A
Take back ___ your ___ acid rain,

   D   A   A/E
Ba - by, let your ___ T. V. bleed.

Chorus 1

```
E  A/E E    A/E E          A/E E
          Your jam  - min' me,
    D/A  A          D/A  A
Your jam  -  min' me.
      A/E          E  A/E E
Quit ___ jammin' ___ me.
B
You can keep me painted in a corner.
A                          A/E E  A/E E
You can look away, but it's not over.
A/E  E        A/E  E  A  D
  Jam - min' me.
```

Verse 3

```
D            A      E          A   D
    Take a back ___ your    angry slan - der.
            A       E         A D
Take back ___ your pension plan.
            A       E          A
Take back ___ your ups and downs
    D        A      E          A D
Of  a your life ___ in ___ raisin land.
```

Verse 4

```
D        A E           A     D
    Take back     Vanessa Red - grave.
            A     E        A D
Take back ___ Joe ___ Piscopo.
          A E           A    D
Take back     Eddie Mur - phy.
                  A           A/E
Give 'em all some - place to go.
```

Chorus 2

```
E  A/E E    A/E E          A/E E
          Your jam  - min' me,
    D/A  A          D/A  A
Your jam  -  min' me.
      A/E          E  A/E E
Quit ___ jammin' ___ me.
     B
Yeah, you can keep me painted in a corner.
A                          A/E  E
You can walk away, but it's not over.
A/E  E      A/E  E  A/E E
        Oh.
```

Bridge

    Bm   **G**
    Take back your Iranian torture

      A   **F#m**
And the apple in young Steve's eye.

    Bm   **G**
    Yeah, take back your losing streakers.

    D   **Esus4 E Esus4 E**
    Check your front wheel drive.

      Esus4 E   **Esus4 E**   **Esus4 E**   **Esus4 E**
Your jam - min' me,   your jam - min' me.

     Esus4   **E**   **Esus4 E** **A D**
Quit ___ and jam - min' me.

Verse 5

    D   **A E**   **A**   **D**
    Take back   Pasade - na.

      A   **E**   **A D**
Take back ___ El ___ Salvador.

      A   **E**   **A**
Take back ___ that ___ country club ___ they been

    D   **A**   **A/E**
    Tryin' to build out - side my door.

Chorus 3

    E A/E E   **A/E E**   **A/E E**
          Your jam - min' me,

    D/A A   **D/A A**
Your jam - min' me.

    A/E   **E A/E E**
Quit ___ jammin' ___ me.

     B
Baby, you can keep me painted in a corner.

A   **A/E E A/E E A/E E A/E E**
You can walk away, but it's not over.

    A/E   **E**   **A/E E**
You're ___ jam - min' me.

    A/E   **E**   **A/E E A/E E A/E E**
Quit ___ jam - min' me.

    A/E   **E**   **A/E E A/E E**
You're ___ jam - ming me.   *Fade out*

I Won't Back Down

Words and Music by
Tom Petty and Jeff Lynne

Melody:

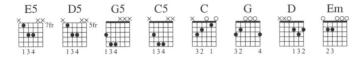

Well, I won't _ back down. _

E5   D5   G5   C5   C   G   D   Em

Intro | E5 D5 G5 | | E5 D5 G5 | |

Verse 1
        E5   **D5**   **G5**
Well, I   won't ___ back down.

        E5   **D5**   **G5**
No, I   won't ___ back down.

        E5   **D5**   **C5**
You could stand me up at the gates of hell,

      E5   **D5**   **G5**
But I   won't ___ back down.

Verse 2
      E5   **D5**   **G5**
No, I'll   stand ___ my ground.

        E5   **D5**   **G5**
Won't be   turned ___ a - round.

        E5   **D5**   **C5**
And I'll keep this world from draggin' me down,

        E5   **D5**   **G5**
Gonna   stand ___ my ground.

      E5   **D5** **G5**
And I   won't   back down.

Chorus 1

C   G   C   G D   G C
(I won't back down.) Hey, ___ baby,

                  G   D
There ain't no eas - y way out.

        G   C   G D Em D G
(I won't back down.) Hey, ___ I will stand my ground.

     Em   D   G
And I won't back down.

Verse 3

      Em   D   G
Well, I   know ___ what's right.

     Em   D   G
I got   just ___ one life

     Em   D   C
In a world that keeps on pushin' me around.

      Em   D   G
But I'll   stand ___ my ground,

      Em   D   G
And I   won't   back down.

Chorus 2   *Repeat Chorus 1*

Guitar Solo   *Repeat Verse 3 (Instrumental)*

Chorus 3

C   G   C   G D   G C
(I won't back down.) Hey, ___ baby,

                  G   D
There ain't no eas - y way out.

        G   C   G D Em D   G
(I won't back down.) Hey, ___ I   won't back down.

     C   G   C   G D   G C
(I won't back down.) Hey, ___ baby,

                 G   D
There ain't no eas - y way out.

        G   C   G D Em D G
(I won't back down.) Hey, ___ I will stand my ground.

     Em D   G   Em D   G
And I won't back down, no I won't back down.

Insider

Words and Music by
Tom Petty

Melody:

You've got a dan-ger-ous back - ground, _

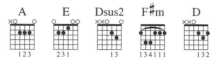

A   E   Dsus2   F#m   D

1 2 3   2 3 1   1 3   1 3 4 1 1 1   1 3 2

Intro |A E Dsus2| |A E Dsus2| |

Verse 1

             A   E   Dsus2
You've got a dangerous ____ back - ground,

          A   E   Dsus2
And ev'rything you've dreamed of.

           A   E   Dsus2
Yeah, you're the Dark ____ An - gel.

           A   E   Dsus2
It don't show when you break up.

Pre-Chorus 1

        F#m   E   A
And I'm the one who ought to know.

        F#m   E   D
Yeah, I'm the one left in the dust.

        E
Oh, I'm the broken hearted fool who was never quite enough.

Chorus 1

D   E A
I'm an in - sid - er.

          D   E   A
I've been burned by the fire.

        F#m   D
Oh, and I've had to live with some hard promises.

       E
I've crawled through the briars.

        D A
I'm an in - sid - er.

Verse 2

        A   E Dsus2
It's the circle of de - ception.

      A E   Dsus2
It's a hall of strang - ers.

      A   E   Dsus2
Oh, it's a cage without a key.

     A E   Dsus2
You can feel the dan - ger.

Pre-Chorus 2

    F#m   E   A
And I'm the one who ought to know.

    F#m   E   D
Yeah, I'm the one you couldn't trust.

    E
Oh, I'm the lonely silent one. I'm the one left in the dust.

Chorus 2   *Repeat Chorus 1*

Bridge

    D   E   A
Oh, ___ oh, ___ oh. ___ Mmm.

    D   F#m E
Oh, ___ oh, ___ oh.

Verse 3

    A   E   Dsus2
Well, I'll bet you're his master - piece.

A   E   Dsus2
I'll bet you're his self - control.

    A   E   Dsus2
Yeah, you'll become his lega - cy;

    A   E   Dsus2
His quiet world of white and gold.

Pre-Chorus 3

    F#m   E   A
And I'm the one who ought to know.

    F#m   E D
Yeah, I'm the one you left to rust.

E
Not one of your twisted friends.

I'm the one you couldn't love.

Chorus 3   *Repeat Chorus 1*

Outro

E   D A
I'm an in - sid - er.

Into the Great Wide Open

Words and Music by
Tom Petty and Jeff Lynne

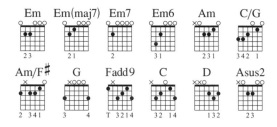

Intro

‖: **Em**   **Em(maj7)** │**Em7**   **Em6**   :‖

Verse 1

Em   **Em(maj7)** **Em7**   **Em6**
Eddie waited till he finished high school.

Em   **Em(maj7)** **Em7**   **Em6**
He went to Hollywood, got a tattoo.

Am   **C/G**   **Am/F♯** **C/G**
He met a girl out there with a tattoo too.

    G   **Fadd9** **C** **G** **C** **G**
The future was wide   open.

Em   **Em(maj7)**   **Em7**   **Em6**
They moved in - to a place they both could afford.

Em   **Em(maj7)**   **Em7**   **Em6**
He found a nightclub he could work at the door.

Am   **C/G**   **Am/F♯**   **C/G**
She had a guitar and she taught him some chords.

    G **Fadd9** **C**   **G** **C** **G**   **C** **G** **D**
The sky was the limit.

Chorus 1

```
        G          C       D
Into the great ____ wide open,

        G              Em    D    Am
Under them skies ____ of blue.

        G          C        D
Out in the great ____ wide open,

    G          Fadd9    Em  Asus2  G  C  G    C  G
A rebel without ____ a clue.
```

Interlude   *Repeat Intro*

Verse 2

```
Em          Em(maj7)    Em7                  Em6
  The papers said Ed always played from the heart.

Em          Em(maj7) Em7              Em6
  He got an agent and a roadie named Bart.

Am          C/G         Am/F♯        C/G
  They made a record and it went in the charts.

    G  Fadd9 C      G  C  G
The sky was the limit.

Em          Em(maj7) Em7              Em6
  His leather jacket had  chains that would jin - gle.

Em              Em(maj7)  Em7          Em6
  They both met movie stars, partied and min - gled.

Am/F♯       C/G         Am           C/G
  Their A and R man said, "I don't hear a sin - gle."

    G          Fadd9  C    G  C  G      C  G  D
The future was wide    open.          Woo!
```

Chorus 2

```
G          C       D
Into the great ____ wide open,

G              Em    D    Am
Under them skies ____ of blue.

G          C        D
Out in the great ____ wide open,

    G          Fadd9    Em  Asus2
A rebel without ____ a clue.
```

Chorus 3   *Repeat Chorus 1*

It's Good to Be King

Words and Music by
Tom Petty

Melody:

It's good to be king   if just for a while. __

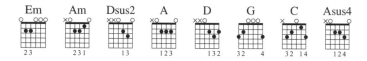

Intro   ‖: Em |Am |Dsus2 |Em   :‖

Verse 1
                    Em   **Am**
It's good to be king if just for a while.

                        Dsus2   **Em**
To be there in vel - vet, yeah, to give 'em a smile.

                                     Am
It's good to get high, and never come down.

                        Dsus2   **Em**
It's good to be king of your own little town.

Chorus 1
                    A   **D**   **G**
Yeah, the world would swing oh, if I were king.

C G D   **C G Em**
      Can I help it if I

                    A   **Asus4 A**
Still dream ___ time to time.

GUITAR CHORD SONGBOOK

Verse 2

           Em   **Am**
It's good to be king and have your own way.

             Dsus2   **Em**
Get a feeling of peace ____ at the end of the day.

                           Am
And when your bulldog barks and your canary sings

             Dsus2   **Em**
You're out there with winners, it's good to be king.

Chorus 2

       A   **D**   **G**
Yeah, ____ I'll be king when dogs get wings.

C G D   **C G Em**
     Can I help it if I

         A   **Asus4 A**
Still dream ____ time to time.

Guitar Solo   *Repeat Verse 1 (Instrumental)*

Verse 3

           Em   **Am**
It's good to be king and have your own world.

            Dsus2   **Em**
It helps to make friends, it's good to meet girls.

           Em   **Am**
A sweet little queen, who can't run away.

           Dsus2   **Em**
It's good to be king, whatever it pays.

Chorus 3

C G D   **C G D**
     Excuse me if I

                C G Em
Have some place in my mind

       A   **Asus4 A Asus4 A Asus4 A**
Where I go ____ time to time.

Outro   ‖: **Em** |**Am** |**Dsus2** |**Em**   :‖ *Repeat and fade*

Kings Highway

Words and Music by
Tom Petty

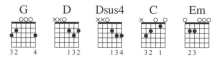

Intro

‖: G | D Dsus4 D Dsus4 D Dsus4 :‖

Verse 1

G   D
When the time gets right

G   D
I'm gonna pick you up

C   D
And take you far away

C   D
From trouble my love.

G   D
    Under a big old sky

G   D
Out in a field of green,

C   D
There's gotta be something

C   D
Left for us to believe.

Chorus 1

          G   D   C
Oh, I await ____ the day

          G   D   C
Good fortune comes ____ our way.

              Em   D   C D
And we ride ____ down the Kings High - way.

Interlude 1	*Repeat Intro*

Verse 2

    G   **D**
No, you can't hide out

    G   **D**
In a six gun town.

    C   **D**
We want to hold our heads up

    C   **D**
But we gotta stay down.

    G   **D**
I don't wanna end up

    G   **D**
In a room all alone.

    C   **D**
Don't want to end up someone

    C   **D**
That I don't even know.

Chorus 2   *Repeat Chorus 1*

Interlude 2 | G | D | G | D |

Guitar Solo | G | D | G | D |
                     | C | D | C | D | |

Chorus 3   *Repeat Chorus 1*

Interlude 3 | G | D |

Chorus 4   *Repeat Chorus 1*

Interlude 4   *Repeat Intro*

Outro ||: G | D Dsus4 D Dsus4 D Dsus4 :|| *Play 6 times*
             | G ||

The Last DJ

Words and Music by
Tom Petty

Melody:

Well, you can't turn him in - to a com-pa-ny man.

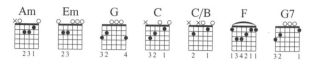

Am   Em   G   C   C/B   F   G7

Intro

N.C.(Am) | Am | | | |

Verse 1

        Am   **Em**
Well, you can't turn him into a company man.

       Am   **G**   **C**
You can't turn him into a whore.

        Am   **G**   **C**
And the boys upstairs just don't understand any - more.

        Am   **Em**
Well, the top brass don't like him talkin' so much.

        Am   **G**   **C**
And he won't play what they say to play.

        Am   **G**   **C**   **N.C.**
Any he don't want to change   what don't need to change.

Chorus 1

              Am   Em
There goes the last DJ

       Am   **Em**
Who plays what he wants to play,

       Am   **Em**   **C**
An' says what he wants to say, ___ hey, hey, hey.

              Am   **Em**
An' there goes your freedom of choice.

          C C/B **Am G F**
There goes the last human voice.

          G7
There goes the last D. J.

Verse 2

Am   Em
Well, some folks say they're gonna hang him so high

Am   G   C
'Cause you just can't do what he did.

Am   Em   C
There's some things you just can't put in the minds of those kids.

Am   Em
As we ___ celebrate medi - ocrity

Am   G   C
All the boys up - stairs wanna see

Am   G   C   N.C.
How much you'll pay for what you use to get for free.

Chorus 2   *Repeat Chorus 1*

Interlude |F | |G | |

Spoken: One of the worlds most powerful radio voices.

|F | |G |

Captain's brought a record that just might make the big time.

|F | |G | |

Well alright, wasn't that a groovy sound?

Verse 3

Am   Em
Well, he got him a station down in Mexico

Am   G   C
An' some - times it'll kinda come in.

Am   G   C   N.C.
And I'll bust a move and re - member how it was back then.

Chorus 3   *Repeat Chorus 1*

Outro   ‖:Am | :‖ *Play 3 times*
              | ‖

Learning to Fly

Words and Music by
Tom Petty and Jeff Lynne

Melody:

Well, I start - ed out —

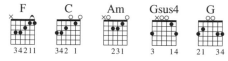

F   C   Am   Gsus4   G

34211 342 1   231   3 14   21 34

Intro   ‖: F   C | Am   Gsus4   :‖   *Play 4 times*

Verse 1
           F   C   Am   Gsus4
Well, I started out

           F   C   Am   Gsus4
Down a dirty road,

F   C   Am   Gsus4
Started out

F   C   Am   Gsus4
All a-lone.

Verse 2
           F   C   Am   Gsus4
And the sun went down

           F   C   Am   Gsus4
As I crossed the hill

           F   C   Am   Gsus4
And the town lit up,

         F   C   Am   Gsus4
The world got still.

Chorus 1

      F   C   Am G
I'm learning to fly,

      F   C   Am G
But I ain't got wings.

F   C   Am   G
Comin' down

      F   C   Am G
Is the hardest thing.

Verse 3

       F   C   Am   Gsus4
Well, the good old days

     F   C   Am   Gsus4
May not re-turn,

     F   C   Am   Gsus4
And the rocks might melt,

     F   C   Am   Gsus4
And the sea may burn.

Chorus 2   **Repeat Chorus 1**

Solo   ‖: F   C | Am   G   :‖   *Play 4 times*

Verse 4

     F   C   Am Gsus4
Well, some say life

     F   C   Am   Gsus4
Will beat you down,

    F   C   Am Gsus4
An' break your heart,

     F   C   Am   Gsus4
And steal your crown.

Verse 5   F   C   Am   Gsus4
So I started out

    F   C   Am   Gsus4
For God knows where,

```
                F       C       Am      Gsus4
            I guess I'll know

                    F       C       Am      Gsus4
            When I get there.


                    F           C       Am      G
Chorus 3    I'm learning to fly

                F           C           Am      G
            A-round the clouds.

            F           C       Am      G
            What goes up

            F           C           Am      G
            Must come down.


Interlude   ‖: F      C       | Am       G           :‖


                    F           C
Chorus 4    ‖: I'm learning to fly,

            Am          G
            (Learning to fly.)

                    F       C       Am  G
            But I ain't got wings.

            F       C       Am      G
            Coming down

                    F       C       Am  G
            Is the hardest thing.

                    F           C
            I'm learning to fly

            Am          G
            (Learning to fly.)

                F       C       Am  G
            A-round the clouds.

                    F       C       Am  G
            An' what goes up

            F           C       Am  G
            Must come down.              :‖  Repeat and fade
```

Make It Better (Forget About Me)

Words and Music by
Tom Petty and David Stewart

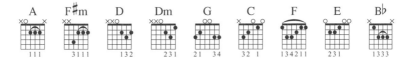

A	F#m	D	Dm	G	C	F	E	B♭
1 1 1	3 1 1 1	1 3 2	2 3 1	2 1 3 4	3 2 1	1 3 4 2 1 1	2 3 1	1 3 3 3

Intro   ‖: A |F#m |A |F#m   :‖ *Play 4 times*

              A F#m   **A**   **F#m**

Verse 1   Honey, I _____ wanna make it bet - ter baby.

             A F#m   **A**   **F#m**

             Honey, I _____ wanna make it good ___ again.

             A F#m   **A**   **F#m**

             Baby, I _____ wanna make it bet - ter darlin'.

                          D   **Dm**   **G**

             Yeah, better for you and me ___ honey, wait and see.

Dm   **C**

    I know it's been a long, ___ long time

F

    But it's going to be alright.

D   **Dm**

    No, you mustn't let it drag you down,

G

    Baby, there's a lot of fools around.

Dm   **C**

    But anything I ___ can do,

F   **E**

    Honey, I'm gonna do it for you.

	A F#m A F#m
Verse 2	I _____ wanna make it bet - ter, baby.

Verse 2

    A F#m   **A   F#m**

Listen, I _____ wanna make it good ___ again.

             D   **Dm**   **G**

Yeah, good for you and me, ___ ba - by please believe

Dm   **C**

  That you know anything I ___ can do,

F   **E**

  Doesn't matter how I'm gonna do it for you.

    N.C.(A)   **(F#m)**

For - get about me, for - get about these eyes

    (A)   **(F#m)**

For - get about love, say good - bye.

Interlude 1   ‖: A |F#m |A |F#m   :‖

Bridge

                    B♭

Oh, there's been too much rain, too much humility.

C

  Tell me why you did what you did to me?

B♭

  Are you the judge? There ain't no jury.

F   **E**

  And I'm just an innocent boy, used to bein' guilty.

Guitar Solo   *Repeat Interlude 1*

Verse 3

N.C. (A)   (F#m)

‖: (For - get about me, for - get about these eyes.)

(A)

(For - get about love,

(F#m)

Say good - bye. Goodbye.) :‖ *Play 3 times w/lead vocal ad lib.*

A   F#m

(For - get about me, for - get about these eyes.)

A   F#m

(For - get about love, say good - bye. Goodbye.)

A F#m   A   F#m

I wanna make it bet - ter baby.

A F#m   A   F#m

Listen, I _____ wanna make it good ___ again.

Outro

A   F#m

‖: (For - get about me, for - get about these eyes.)

A

(For - get about love,

F#m

Say good - bye. Goodbye.) :‖ *Repeat and fade w/lead vocal ad lib.*

Listen to Her Heart

Words and Music by
Tom Petty

Melody:

You think you're gon - na   take   her   a - way, _

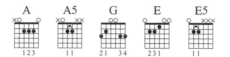

A   A5   G   E   E5

1 2 3	1 1	2 1 3 4	2 3 1	1 1

Intro   ‖: A | | | :‖   *Play 4 times*

Verse 1
A5
   You think you're gonna take her away,

With your money and your cocaine.

You keep thinkin' that her mind is gonna change,

But I know ev'rything is okay.

Chorus 1
             G   A
She's gonna listen to her heart.

            G   A
It's gonna tell her what to do.

         E   A
She might need a lot a lovin' but she don't need you.

Verse 2

A5
    You want me to think that I'm bein' used;

You want her to think it's over.

You can't see it doesn't matter what you do,

An' buddy, you don't even know her.

Chorus 2   *Repeat Chorus 1*

Bridge

G   **A**
  And you just can't creep up be - hind her.

G   **A**
  And you can't understand that she's my girl.

       E5
She's my girl. Ow!

Guitar Solo   ‖: A | | | :‖

Chorus 3   *Repeat Chorus 1*

Outro   ‖: A | | | :‖ *Play 3 times*
         | | | A   D | A   D | A   ‖

Louisiana Rain

Words and Music by
Tom Petty

Melody:

Well, it was out in Cal - i - for - nia

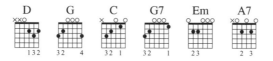

D G C G7 Em A7

Intro

|D | |G | | |

Verse 1

          G   D G   C   G
Well, it was out in Cal - i-for - nia by the San Diego sea,

C   G   D   G G7
That was when I was taken in and it left its mark on me.

             C   G   C   G
Yeah, she nearly drove me cra - zy with all those China toys.

          C   G
And I know she really didn't mean ____ a thing

D   G G7
To any of those sailor boys.

Chorus 1

          C   G
Louisiana rain is falling at my feet.

                 Em A7   D
Baby, I'm noticing a change   as I move down the street.

          C   G
Louisiana rain is soaking through my shoes.

                  D   G
I may never be the same ____ when I reach Baton Rouge.

GUITAR CHORD SONGBOOK

Verse 2

    G   D   G   C   G
South Caroli - na put out its arms for me

           C   G
Right up until ev'rything ___ went black

              D   G G7
Somewhere ___ on lonely street.

              C   G   C   G
And I still ___ can't quite remem - ber who helped me to my feet.

          C   G   D   G G7
Thank God for a love that followed the an - gel's remedy.

Chorus 2

           C   G
Louisiana rain is falling just like tears.

                      Em A7   D
Running down my face,   washing out the years.

           C   G
Louisiana rain is soaking through my shoes.

                 D   G   C   G
I may never be the same ___ when I reach Baton Rouge.

Instrumental

G D	G	C	
G	C	G	
D	G		

Verse 3

          G   D   G   C   G
Well, I never will ___ get o - ver this English refugee

C   G   D   G
Singing to the juke - box in some all - night beanery.

               C   G   C   G
Yeah, he was eating pills like can - dy and chasing them with tea.

     C   G
You should have seen him lick ___ his lips,

       D   G G7
That old ___ black muddied beak.

Chorus 3   *Repeat Chorus 1*

Chorus 4   *Repeat Chorus 2*

Mary Jane's Last Dance

Words and Music by
Tom Petty

Melody:

She grew up __ in a In - di - an - a town, had a

Am   G   D   Em   A   Asus2/G

Intro

‖: Am   G | D   Am   :‖ *Play 4 times*

Verse 1

Am   G
She grew up in a Indiana town,

        D   Am
Had a good lookin' mama who never was around.

                            G
But she grew up tall and she grew up right

            D   Am
With them Indiana boys on an Indiana night.

Interlude 1

| Am   G | D   Am | G | D   Am |
         (Hoo.)   (Hoo.)

Verse 2

                Am   G
Well, she moved down here at the age of eighteen,

        D   Am
She blew the boys away; was more ___ than they'd seen.

                            G
I was introduced and we both started groovin',

        D   Am
She said I dig you baby but I got to keep movin'…

Interlude 2

| Am   G | D   Am | G | D   Am |
    On.   Keep movin' on.

Chorus 1

Em   A
Last dance with Mary Jane, one more time to kill the pain.

Em   A   Asus2/G
I feel summer creepin' in and I'm tired of this town again.

Interlude 3

Repeat Interlude 1

Verse 3

        Am   G
Well, I don't know but I've been told,

        D   Am
You never slow down, you never grow old.

                              G
I'm tired of screwin' up, tired ___ of goin' down,

        D   Am
Tired ___ of myself, tired ___ of this town.

                  G
Oh my, my, oh, ___ hell yes,

        D   Am
Honey, put on that party dress.

                G
Buy me a drink, sing me a song.

        D   Am
Take me as I come 'cause I can't stay long.

Chorus 2   *Repeat Chorus 1*

Guitar Solo   *Repeat Intro*

Verse 4

        Am   G
There's pigeons down on Market Square

        D   Am
She's ___ standing in her un - derwear,

                  G
Lookin' down from a hotel room

        D   Am
And nightfall will be coming soon.

                  G
Oh my, my, oh, ___ hell yes,

        D   Am
You got to put on that party dress.

                          G
It was too cold to cry when I woke up alone,

        D   Am
Hit my last number, I walked to the road.

Chorus 3   *Repeat Chorus 1*

Outro   ‖: Am   G | D   Am   :‖ *Repeat and fade*

Needles and Pins

Words and Music by
Sonny Bono and Jack Nitzsche

Melody:

I saw her to - day, __ I saw her

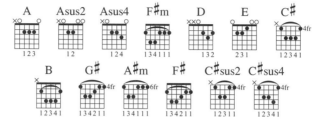

A	Asus2	Asus4	F#m	D	E	C#	
1 2 3	1 2	1 2 4	1 3 4 1 1 1	1 3 2	2 3 1	1 2 3 4 1	

B	G#	A#m	F#	C#sus2	C#sus4
1 2 3 4 1	1 3 4 2 1 1	1 3 4 1 1 1	1 3 4 2 1 1	1 2 3 1 1	1 2 3 4 1

Intro | A Asus2 A | Asus4 A Asus2 A Asus2 A | A Asus2 A |

           Asus4 A Asus2   A   Asus2 A

Verse 1   I saw   her today,

                                  F#m

I saw her face; it was a face I loved.

                        A

And I knew I had to run a - way

                F#m

And get down on my knees and pray ___ that there'd come a day.

                    A   **F#m**

Chorus 1   And still it begins, ___ needles and pins.

                 D   **E**

Because of all my pride the tears I've got to hide.

Verse 2

A
Oh, I thought I was smart

F#m
I'll win her heart and didn't think I'd lose.

A
But now I see; she's worse to him than me.

F#m
Let her go ahead, and take his love in - stead.

A
And one day she will see just how to say please

F#m   D
And get down on her knees, yeah, that's how it begins,

E
She'll feel those needles and pins, I know, I know.

Bridge

C#   B
Why can't I stop and tell myself I'm wrong, I'm wrong, so wrong?

A   G#   N.C.
Why can't I stand up and tell myself I'm strong?

Verse 3

C#
Because I saw her today ____ I saw her face

A#m   C#
It was a face I loved and I knew I had to run a - way

A#m
And get down on my knees and pray ____ let there come a day.

Chorus 2

C#   A#m
And still it begins, ____ needles and pins.

F#   G#
Because of all my ____ pride the tears I've got to hide.

Outro

C# C#sus2 C# C#sus4 C#
Oh, like needles and pins.

C#sus2 C# C#sus2 C# C#sus2 C# C#sus4 C#
Need - les and   pins.

C#sus2 C# C#sus2 C# C#sus2 C# C#sus4 C# C#sus2 C# C#sus2 C#
Need - les and   pins.

Rebels

Words and Music by
Tom Petty

Melody:

Hon-ey, don't walk out, _ I'm

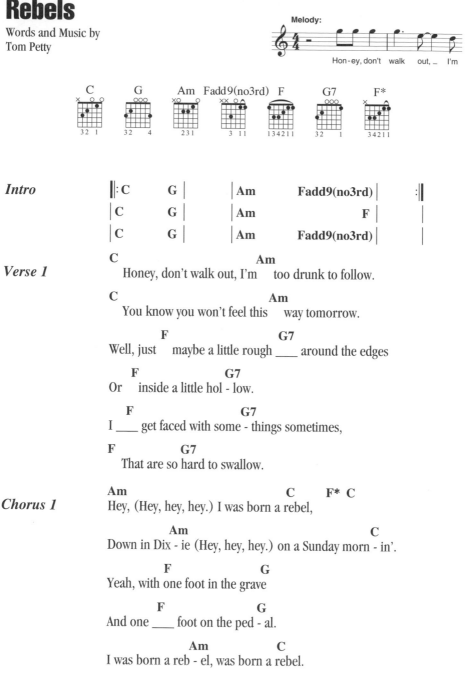

Intro

‖: C   G | | Am   Fadd9(no3rd) | :‖

| C   G | | Am   F | |

| C   G | | Am   Fadd9(no3rd) | |

Verse 1

   C   Am
     Honey, don't walk out, I'm   too drunk to follow.

   C   Am
     You know you won't feel this   way tomorrow.

             F   G7
   Well, just   maybe a little rough ___ around the edges

         F   G7
   Or   inside a little hol - low.

         F   G7
   I ___ get faced with some - things sometimes,

 F   G7
     That are so hard to swallow.

Chorus 1

 Am   C   F* C
 Hey, (Hey, hey, hey.) I was born a rebel,

            Am   C
 Down in Dix - ie (Hey, hey, hey.) on a Sunday morn - in'.

           F   G
 Yeah, with one foot in the grave

           F   G
 And one ___ foot on the ped - al.

              Am   C
 I was born a reb - el, was born a rebel.

GUITAR CHORD SONGBOOK

Verse 2

        C
Yeah,   she picked me up in the morning

       Am
And she   paid all my tickets.

      C   Am
Then she   screamed in the car, left me out in the thicket.

     F   G7   F   G7
Well, I never would have dreamed that her heart was so wicked.

        F   G7   F   G7
Yeah, but I   keep coming back ___ 'cause it's so hard to kick it.

Chorus 2   *Repeat Chorus 1*

Instrumental | F | | | |

                  | C | | | |

                  | F | | | |

                  | G | | | |

Verse 3

      C   Am
   Even before my father's father they   called us all rebels.

            C   Am
While they   burned our cornfields, and left our cities leveled.

     F   G7   F   G7
I can still feel the eyes ___ of those blue bellied devils,

      F   G7
Yeah,   when I'm walkin' 'round at night

              F   G7
Through the con - crete and metal.

Chorus 3   *Repeat Chorus 1*

Interlude   ‖: C   G | | Am   Fadd9(no3rd) | :‖

                 ‖: C   G | | Am   F | :‖

                 | G7 | |

Chorus 4   *Repeat Chorus 1*

Outro

             Am   C
‖: Hey, hey, hey. (Hey, hey, hey.)   :‖ *Repeat and fade*

Refugee

Words and Music by
Tom Petty and Mike Campbell

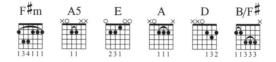

| F#m | A5 | E | A | D | B/F# |

Intro ‖: **F#m**   **A5** | **E**   :‖ ***Play 4 times***

Verse 1

F#m   **A**
   We got somethin' we both ___ know it,

       E   **F#m**   **A** **E**
We don't talk too much about ___ it.

F#m   **A**
   Ain't no real big se - cret, all the same,

     E   **F#m** **A** **E**.
Some - how, we get a - round it.

Pre-Chorus 1

      D
Listen,   it don't really matter to me.

     B/F#
Baby,   you believe what you wanna believe.

Chorus 1

       F#m   **A5**   **E**
You see you don't have to live like a refugee.

F#m   **A5**   **E**
(Don't have to live like a refugee.)

Verse 2	**F#m** **A** Somewhere, somehow, some - body

F#m
   Somewhere, somehow, some - body

          E   **F#m**   **A** **E**
Must have kicked you around ___ some.

F#m   **A**
   Tell me why you wan - na lay there,

         E   **F#m** **A** **E**
Re - vel in your aban - don.

Pre-Chorus 2

            D
Honey,   it don't make no diff'rence to me.

        B/F#
Baby,   ev'rybody's had to fight to be free.

Chorus 2

              F#m   **A5**   **E**
You see you don't have to live like a refugee.

F#m   **A5**   **E**
(Don't have to live like a refugee.)

                F#m   **A5**   **E**
Now, baby, you don't have to live like a refugee.

F#m   **A5**   **E**
(Don't have to live like a refugee.)

Bridge

E
   Baby, we ain't the first.

A5
   I'm sure a lot of other lovers been burned.

D
   Right now this seems real to you,

       E
But it's one of those things you got to feel to be true.

Organ Solo   *Repeat Intro*

Verse 3	**F♯m** **A**
	Somewhere, somehow, some - body
	E **F♯m** **A** **E**
	Must have kicked you around ___ some.
	F♯m **A**
	Who knows? Maybe you're kid - napped,
	E **F♯m** **A** **E**
	Tied up taken a - way and held for ran - som.

Pre-Chorus 3	**D**
	Honey, it don't really matter to me.
	B/F♯
	Baby, ev'rybody's had to fight to be free.

Chorus 3	*Repeat Chorus 2*
Chorus 4	*Repeat Chorus 1*

Outro	‖: **F♯m** **A5** | **E** :‖ *Repeat and fade*

Runnin' Down a Dream

Words and Music by Tom Petty,
Jeff Lynne and Mike Campbell

Intro   ‖: E5 | :‖ *Play 4 times*

Verse 1

       E5
It was a beautiful day,

The sun beat down.
     Dsus2add6
I had the radio on,
     E5
I was driv - in'.

The trees flew by,

Me and Del were singin'
    Dsus2add6
Little "Runaway,"
    E5
I was fly - in'.

Chorus 1

       D5   **G5**   **E**
Yeah, runnin' down a dream

             G5   **A**
That never would come to me.

      D5   **G5**   **E**
Work - in' on a myste-ry;

           G5   **A**
Goin' wher-ever it leads.

         G5   **E5**
Runnin' down a dream.

Verse 2

  E5
I felt so good, like anything was possible,

     Dsus2add6
Hit cruise control

         E5
And rubbed my eyes.

The last three days

The rain was unstoppable.

     Dsus2add6
It was always cold,

      E5
No sun-shine.

Chorus 2   *Repeat Chorus 1*

	Cmaj7
Interlude	Woo.

Dsus2add6
Woo.

E5
Woo.

Cmaj7
Woo.

Dsus2add6
Woo.

E5
Woo.

	E5
Verse 3	I rolled on,

The sky grew dark.

Dsus2add6
I put the pedal down

       E5
To make some time.

There's something good

Waitin' down this road.

Dsus2add6
I'm pickin' up

    E5
Whatever is mine.

Chorus 3	*Repeat Chorus 1*

Chorus 4	*Repeat Chorus 1*

Outro	*Repeat Interlude till fade*

Restless

Words and Music by
Tom Petty

Melody:

I don't_ be - long to no _ one.

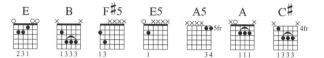

E	B
2 3 1	1 3 3 3

F#5	E5	A5	A	C#
1 3	1	3 4	1 1 1	1 3 3 3

Intro
|E |B | | |

Verse 1

       F#5   E5 F#5   E5 F#5
I don't belong to   no one.

A5   F#5   E5 F#5   E5 F#5
I don't belong at   all.

  A5   F#5   E5 F#5   E5 F#5
I got my face in a   corner

A5   F#5   E5 F#5   E5 F#5
Got my back to the wall.

Chorus 1

                     B
Yeah, and pretty baby I'm restless,

(Restless) restless (restless)

Restless through and through.

   F#5   E5 F#5 E
I'm restless,   restless.

B   F#5 E5 F#5   E5 F#5
You look restless too.

Verse 2

A5 F#5   E5 F#5   E5 F#5
I'm a hair trig - ger lover

A5 F#5   E5 F#5   E5 F#5
And I can't face up to nothin'.

A5   F#5   E5 F#5   E5 F#5
I'm im - patient with the wind

A5   F#5   E5 F#5   E5 F#5
But I'm waiting here for something.

Chorus 2   *Repeat Chorus 1*

Bridge

B   F#5
Restless sleep, twisted dreams.

B   F#5
Moving targets, silent screams.

A   B
Restless city, restless street.

        C#
Restless you, restless me.

Interlude   ‖: F#   E5 F#5 | E5 F#5 A5 :‖

Verse 3

       F#5 E5 F#5   E5 F#5
I'm a face at the window

A5 F#5   E5 F#5   E5 F#5
I'm a black sat - in sheet.

A5 F#5   E5 F#5   E5 F#5
And I can't stay ____ warm

A5   F#5 E5 F#5   E5 F#5
I stay out in the street.

Chorus 3   *Repeat Chorus 1*

Outro   ‖: F#   E5 F#5 | E5 F#5 A5 :‖ *Repeat and fade*

Rockin' Around with You

Words and Music by
Tom Petty and Mike Campbell

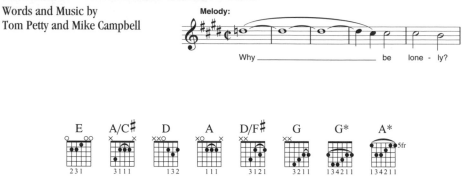

E   A/C#   D   A   D/F#   G   G*   A*

Intro

‖: E   A/C#   D | A/C#   :‖ *Play 10 times*

Verse 1

E A/C# D A/C# E A/C# D A/C#
Why _____ be

E   A/C# D A/C# E A/C# D A/C#
Lone - ly?

E A/C# D A/C# E A/C# D A/C#
Why _____ be

E A/C# D A/C# E A/C# D A/C#
Blue?

A D/F# G D/F# A D/F# G D/F#
You _____ got

A   D/F# G D/F# A D/F# G D/F#
Me, babe.

E A/C# D A/C# E A/C# D A/C#
I _____ got

E A/C# D A/C# E A/C# D
You.

	G*							**A***
Chorus 1	And I can't (Hey!) stop thinking about how I (Hey!)							

                                  E A/C# D A/C# E A/C# D A/C#

Dig rockin' around with You.

E A/C# D A/C# E A/C# D A/C#

E A/C# D A/C# E A/C# D A/C#

Verse 2   I _____ was

E   A/C# D A/C# E A/C# D A/C#

Wait - ing.

E A/C# D A/C# E A/C# D A/C#

You _____ came

E A/C# D A/C# E A/C# D A/C#

Through.

A D/F# G D/F# A D/F# G D/F#

You _____ knew

A D/F# G D/F# A D/F# G D/F#

No one

E A/C# D A/C# E A/C# D A/C#

Else _____ will

E A/C# D A/C# E A/C# D A/C#

Do.

Chorus 2   *Repeat Chorus 1*

Interlude   ‖: A D/F# G D/F# | A D/F# G D/F# :‖

E A/C# D A/C# E A/C# D A/C#

You.

E A/C# D A/C# E A/C# D A/C#

                    E A/C# D   A/C#

Outro   *Well, you know I dig   rockin' a - round.*

                E A/C#   D   A/C#

‖: *You know I dig   rockin' a - round.* :‖ ***Repeat and fade***

Room at the Top

Words and Music by
Tom Petty

Melody:

I got a room at the top of the world to-night. _

Chord diagrams: C Fadd9 G Fmaj7 F Cadd9

Intro

| C | | | | |

Verse 1

Fadd9
   I got a room at the top of the world tonight.

                       C
I can see ev'rything tonight.

Fadd9
   I got a room where ev'ryone can have a drink

                           C   G
And forget those things that went wrong in their life.

Chorus 1

Fmaj7   G
   I got a room at the top of the world tonight.

Fmaj7   G
   I got a room at the top of the world tonight.

Fmaj7   G
   I got a room at the top of the world tonight.

        C   F   C   F
And I ain't comin' down,

      C   F   C
I ain't comin' down.

Verse 2

F
   I got someone who loves me tonight.

I got over a thousand dollars in the bank

           C
And I'm all ___ right.

GUITAR CHORD SONGBOOK

F
    Look deep in the eyes of love,

Look deep in the eyes of love,

         C   **G**
And find ____ out what you were looking for.

Chorus 2   *Repeat Chorus 1*

Guitar Solo | F | | | |
                          | C | | G | |

Interlude | C | |

Fadd9
Verse 3   I wish I could feel you tonight,

Little one you're so far away.

        C
I wanna reach out and touch your heart.

Fadd9
    Yeah, like they do in those things on TV,

                    Cadd9
I love you, please love me, I'm not so bad

      G
And I love you so.

Fmaj7   **G**
Chorus 3   I got a room at the top of the world tonight.

Fmaj7   **G**
    I got a room at the top of the world tonight.

Fmaj7   **G**
    I got a room at the top of the world tonight.

      C   **F**   **C**   **F**
And I ain't comin' down,

    C   **F**   **C**   **F**
I ain't comin' down.

    C   **F**   **C**
I ain't comin' down.

Shadow of a Doubt

Words and Music by
Tom Petty

Melody:

There goes my ba - by,

A   Asus4   D/F#   A/E   A5   F#m   B   D5   E5   D

Intro   ‖: A |Asus4 A | D/F# |A/E A5 :‖

Verse 1

F#m
   There goes my baby,

                 A Asus4 A D/F# A/E A5
There goes my only one.

F#m
   I think she loves me

                 A Asus4 A D/F# A/E A5
But she don't wanna let on.

      F#m   B
Yes, she likes to keep me guessin' she's got me on the fence.

      F#m   B
With that little bit of myst'ry she's a complex kid.

Chorus 1

      D5   E5
And she's always been so hard to figure out.

      D5
Yeah, she always likes to leave me

    E5
With a shadow of a doubt.

Interlude 1   *Repeat Intro*

Verse 2

F#m
    Sometimes at night

                  A Asus4 A D/F# A/E A5
I wait around 'til she gets out.

F#m
    She don't like workin',

                A Asus4 A D/F# A/E A5
She says she hates her boss.

      F#m   B
But she's got me askin' questions, she's got me on the fence.

      F#m   B
With that little certain somethin' she's a complex kid.

Chorus 2

      D5   E5
And she's always been so hard to get a - round.

      D5
Yeah, she always likes to leave me

      E5
With a shadow of a doubt.

Interlude 2 | A |Asus4 A | D/F# | A/E A5 |

              D   F#m
Bridge   Just a shadow of a doubt, she seldom keeps me runnin'.

              D   E5
I'm tryin' to figure out if she's leadin' up to somethin'.

| *Guitar Solo* | ‖: A | | | D/F♯ | A/E A5 :‖ |

Verse 3
F♯m
And when she's dreamin'

                              A Asus4 A D/F♯ A/E A5
Sometimes she sings in French.

F♯m
  But in the mornin'

                        A Asus4 A D/F♯ A/E A5
She don't remember it.

       F♯m   B
But she's got me thinkin' 'bout it, yeah, she's got me on the fence.

       F♯m   B
With that little bit of mystery, she's a complex kid.

Chorus 3
       D5   E5
And she's always been so hard to live with - out.

       D5
Yeah, she always likes to leave me

   E5   A Asus4 A
With a shadow of a doubt.

D/F♯   A/E   A5   A Asus4 A
  With, a shadow of a doubt.

D/F♯   A/E   A5
  With, a shadow of a doubt.

Outro   ‖: A | Asus4 A | D/F♯ | A/E A5 :‖ A   ‖

Stop Draggin' My Heart Around

Words and Music by
Tom Petty and Mike Campbell

Melody:

Ba- by, you'll come knock-ing on my _ front door.

A   Csus2   G/B   Em   G5   A5   C   D   Dsus4

Intro

| A | | | Csus2 G/B Csus2 | |

‖: Em | G5 A5 :‖ **Play 4 times**

Verse 1

                Em   G5   A5
Stevie Nicks: Baby, you'll come knocking on my front door.

Em   G5   A5
Same old line you used to use be - fore.

Em   G5   A5
I said "Yeah, well, what am I supposed to do?"

Em   G5   A5
I didn't know what I was getting in - to.

Pre-Chorus 1

           C   D
Both: So you've had a little trouble in town.

C   D
Now you're keeping some demon down.

Chorus 1

           C   D
Both: Stop draggin' my,   stop draggin' my,

C   G/B   C
Stop ___ draggin' my heart around.

| *Interlude 1* | |Em |G5 A5 |Em |G5 A5 | |

Verse 2

        Em   **G5**   **A5**
Stevie Nicks: It's hard to think about what you've wanted.

 Em   **G5**   **A5**
 It's hard to think about what you've lost.

 Em   **G5**   **A5**
 This doesn't have to be the big get even.

 Em   **G5**   **A5**
 This doesn't have to be anything at all.

       Em   **G5**   **A5**
Tom Petty: I know you really want to tell me good - bye.

 Em   **G5**   **A5**
 I know you really want to be your own girl.

Pre-Chorus 2

      C   **D**
Both: Baby, you could never look me in the eye.

 C   **D**
 Yeah, you buckle with the weight of the words.

Chorus 2   *Repeat Chorus 1*

Interlude 2

|Em |G5 A5 |D Dsus4 D |Csus2 G5 |

|D Dsus4 D |Csus2 G5 |D Dsus4 D |Csus2 G5 |

|A | |Csus2 G/B Csus2 | |

|Em |G5 A5 |Em |G5 A5 |

Verse 3

                      Em   G5   A5
Stevie Nicks: There's people running 'round loose in the world,

Em   G5   A5
  Ain't got nothing better to do

Em   G5   A5
  Than make a meal of some bright-eyed kid,

Em   G5 A5
  You need someone looking after you.

                  Em   G5   A5
Tom Petty: I know you really want to tell me good - bye.

Em   G5   A5
  I know you really want to be your own girl.

Pre-Chorus 3   *Repeat Pre-Chorus 2*

Chorus 3   *Repeat Chorus 1*

Interlude 3   *Repeat Interlude 1*

                Em   G5   A5 Em G5 A5
Outro   ‖: Stop draggin' my heart around.   :‖ *Repeat and*
                                                                                             fade

Something in the Air

Words and Music by
John Keen

Call out the in - sti - ga - tor be - cause _ there's

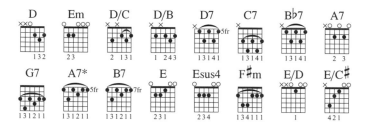

D	Em	D/C
D/B	D7	C7
Bb7	A7	G7
A7*	B7	E
Esus4	F#m	E/D
E/C#		

Intro | D | | | |

Verse 1

D   Em
Call out the instigator because there's something in the air.

D
We've got to get together sooner or later

Em
Because the revolution's here, and you know it's right.

Pre-Chorus 1 | D   D/C | D/B D/C | D   D/C | D/B D/C |

And you know that it's right.

Chorus 1

Em
We have got to get it together,

D D/C D/B D/C D D/C D/B D/C
We have got to get it together now.

Verse 2

> **D**
> Run through the fields and houses
>
>   **Em**
> Because there's something in the air.
>
>   **D**
> We've got to get together sooner or later
>
>   **Em**
> Because the revolution's here, and you know it's right.

Pre-Chorus 2   *Repeat Pre-Chorus 1*

Em

Chorus 2   We have got to get it together, we have got to get it together now.

Interlude

D7		C7		
D7		C7		
B♭7		A7		
G7 A7*	B7	E Esus4	E Esus4

E   **F♯m**

Verse 3   Call out the instigator because there's something in the air.

>   **E**
> We've got to get together sooner or later
>
>   **F♯m**
> Because the revolution's here,
>
>   **E E/D E/C♯ E/D**
> And you know it's right.
>
> **E**   **E/D**   **E/C♯ E/D**
>   And you know that it's right.

F♯m

Chorus 3   We have got to get it together,

>   **E**
> We have got to get it together now.

The Waiting

Words and Music by
Tom Petty

Melody:

Oh, ba-by don't it feel _ like heav-en right now?

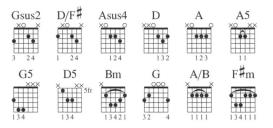

Gsus2 D/F# Asus4 D A A5

G5 D5 Bm G A/B F#m

Intro

Gsus2 D/F#	Asus4 D	Gsus2 D/F#	Asus4 A
Gsus2 D/F#	Asus4 D	Gsus2 D/F#	Asus4

Verse 1

    A5   G5   D5
Oh, baby don't it feel like heaven right ___ now?

       A5   G5   D5
Don't it feel like somethin' from a dream?

       A5   G5   D5
Yeah, I've never known nothin' quite like this.

          Bm
Don't it feel like tonight might never be again?

       G5
Baby, we know better than to try and pretend.

        A5
Honey, no one coulda ever told me 'bout this.

I said yeah, yeah, (Yeah, yeah.) yeah, yeah, yeah, yeah.

Chorus 1

        G   D/F♯   A   D
The wait - ing is the hardest ___ part.

    G   D/F♯   A
Ev'ry ___ day you see one more card.

        G   D/F♯   A   D
You take it on ___ faith, you take it to the heart.

        G   D/F♯   A   D   Gsus2 D/F♯ Asus4 D
The wait - ing is the hardest part.

Verse 2

        A5   G5   D5
Well, yeah I might have chased a couple women a - round.

        A5   G5   D5
Oh, all it ever got me was down.

        A5   G5   D5
Yeah, then there were those that made ___ me feel ___ good,

        Bm
But never as good as I feel right now.

        G5
Baby, you're the only one that's ever known how

        A5
To make me want to live like I want to live now.

I said yeah, yeah, (Yeah, yeah.) yeah, yeah, yeah, yeah.

Chorus 2

        G   D/F♯   A   D
The wait - ing is the hardest ___ part.

    G   D/F♯   A
Ev'ry ___ day you get one more yard.

        G   D/F♯   A   D
You take it on ___ faith, you take it to the heart.

        G   D/F♯   A   D   Gsus2 D/F♯ Asus4 D
The wait - ing is the hardest part.

TOM PETTY   **85**

Bridge

        Bm   **A/B**
Oh,   don't let 'em kill you babe,

        Bm   **A/B**
    Don't let 'em get to you.

        Bm   **A/B**
    Don't let 'em kill you babe,

        Bm   **A/B**
    Don't let 'em get to you.

        A5
    I'll be you're bleedin' heart,

        D5
     I'll be your cryin' fool.

        G5
    Don't let this go too far,

        F#m
     Don't let it get to you.

Guitar Solo

‖: A5 |G5 D5 :‖ *Play 3 times*

|Bm | |G5 | |

|A5 | |

A5
Yeah, yeah, (Yeah, yeah.) yeah, yeah, yeah, yeah.

Chorus 3

      G   **D/F#**   **A**   **D**
The wait - ing is the hardest ___ part.

G   **D/F#**   **A**
Ev'ry ___ day you get one more yard.

     G   **D/F#**   **A**   **D**
You take it on ___ faith, you take it to the heart.

    G **D/F#**   **A**   **D**   **Gsus2** **D/F#** **Asus4** **D**
The wait - ing is the hardest part.

        G **D/F#**   **A5**
Yeah, the wait - ing is the hardest

Interlude

|Gsus2 D/F# |Asus4 D |Gsus2 D/F# |Asus4 |
  Part.

|Gsus2 D/F# |Asus4 D |Gsus2 D/F# |Asus4 |
                                Whoa.

Outro

     Gsus2 **D/F#** **Asus4** **D** **Gsus2** **D/F#** **Asus4**
‖:   Is the hardest

    Gsus2 **D/F#** **Asus4** **D** **Gsus2** **D/F#** **Asus4**
  Part.   Whoa, :‖ *Repeat and fade*

A Woman in Love: It's Not Me

Words and Music by
Tom Petty and Mike Campbell

Melody:

She laughed in my face,   told _ me good - bye.

Bm   A   D   E   A*   Gsus2

Asus2   E5   D/F#   G5   A5

Intro

‖: Bm   A | | D   E | :‖

Verse 1

Bm   **A***
    She laughed in my face,   told me goodbye.

Gsus2   **Asus2**
    Said, "Don't think about it, you can go crazy.

Bm   **A***
    Anything can happen,   anything can end.

Gsus2   **A***
    Don't try to fight it; don't try to save me."

Chorus 1

                    Bm   A   D   E
She's a woman in love.

                    Bm   A   D   E
She's a woman in love.

            Bm   **A**
And he's gonna break her heart to pie - ces.

D   **E**
She don't want to see.

She's a woman in love.

Verse 2

          Bm   **A***

But it's not me. Well, all right,   do what you want to.

Gsus2   **Asus2**

Don't try to talk, don't say nothin'.

Bm   **A***

She used to be the kind of woman   you have and you hold.

Gsus2

She could understand a problem.

A*

She let the little things go.

Chorus 2

              Bm **A** **D** **E**

She's a woman in love.

              Bm **A** **D** **E**

She's a woman in love.

            Bm   **A**

And he's gonna break her heart to pie - ces.

D   **E**

She don't want to know.

She's a woman in love, she can't let

Interlude

| E5 D/F♯ | | G5 A5 | |

  Go.

‖: E5 D/F♯ | | G5 A5 | :‖

| E5 | | | |

Verse 3

Bm   **A***
Time after time,   night after night,

Gsus2   **Asus2**
She would look up at me and say she was lonely.

Bm
I don't understand the world today.

A*
I don't understand what she needed.

Gsus2   **A***
I gave her ev'rything, she threw it all away on nothing.

Chorus 3

                 Bm   **A**   **D**   **E**
She's a woman in love.

                 Bm   **A**   **D**   **E**
She's a woman in love.

             Bm   **A**
And he's gonna break her heart to pie - ces.

D   **E**
She don't want to see.

                 Bm   **A**   **D**   **E**
She's a woman in love,

             Bm   **A**   **D**   **E**
But it's not me.

                 Bm   **A**   **D**   **E**
She's a woman in love.

Outro   ‖: **Bm**   **A** | | **D**   **E** | :‖ *Repeat and fade*

Walls (Circus)

Words and Music by
Tom Petty

Melody:

Some days are dia - monds,   some days are rocks. _

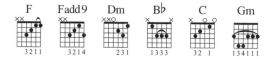

F   Fadd9   Dm   Bb   C   Gm

3211   3214   231   1333   32 1   134111

Intro |F **Fadd9** F | **Fadd9** F |

Verse 1

   F   **Dm**
    Some days are diamonds,   some days are rocks.

   Bb   **C**
    Some doors are open,   some roads are blocked.

   F   **Dm**
    An' sundowns are golden,   then fade away.

   Bb   **C**
    And if I never do nothing,   I'm coming back some day.

Chorus 1

               Bb   **F**
  'Cause you got a heart so big

          Bb   **F**
  It could crush this town.

          Gm   **Dm**
  And I can't hold out for - ever,

         C   **F**
  Even walls fall down.

GUITAR CHORD SONGBOOK

Verse 2

F   Dm
All around your island there's a barricade

Bb   C
That keeps out the danger, holds in the pain.

F   Dm
An' sometimes you're happy, an' sometimes you cry.

Bb   C
Half of me is ocean, half of me is sky.

Chorus 2

      Bb F
But you got a heart so big

     Bb F
It could crush this town.

    Gm   Dm
And I can't hold out for - ever,

   C F
Even walls fall down.

Harp Solo

| F | | | Dm | | | |
| Bb | | | C | | | |

Verse 3

F   Dm
An' some things are over, some things go on.

Bb   C
Part of me you carry, an' part of me is gone.

Chorus 3   *Repeat Chorus 2*

Chorus 4   *Repeat Chorus 2*

You Got Lucky

Words and Music by
Tom Petty and Mike Campbell

Melody:

You bet-ter watch what you say. You bet-ter watch what you

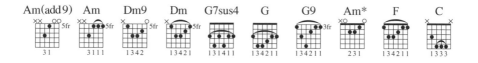

Am(add9) Am Dm9 Dm G7sus4 G G9 Am* F C

Intro ‖: Am(add9) | Am | Dm9 Dm | G7sus4 G G9 G7sus4 :‖

Verse 1

Am(add9)   Am
  You better watch what you say.

Dm9   Dm   G7sus4 G   G9 G7sus4
  You better watch what you do   to me.

Am(add9)   Am
  Don't get carried a - way.

Dm9   Dm   G7sus4 G   G9 G7sus4
  Girl, if you can do better _____ than me,

Pre-Chorus 1

    Am*   F
Go. ___ Yeah go, ___ but remember:

Chorus 1

C   Am*
  Good love is hard ___ to find.

C   Am*
  Good love is hard ___ to find.

      F   G
You got lucky babe, you got lucky babe,

When I found you.

| *Interlude 1* | | Am(add9) | Am | Dm9 Dm | G7sus4 G   G9 G7sus4 | |

Verse 2

    Am(add9)   Am
    You put a hand on my cheek

    Dm9   Dm   G7sus4 G G9 G7sus4
    And then you turn your eyes   away.

    Am(add9)   Am
    If you don't feel com - plete,

    Dm9 Dm   G7sus4 G   G9 G7sus4
    If I don't take you all   of the way ____ then

Pre-Chorus 2

        Am*   F
    Go. ____ yeah go, ____ but remember:

Chorus 2   *Repeat Chorus 1*

Guitar Solo   *Repeat Intro*

Pre-Chorus 3

        Am*   F
    Yeah go. ____ Just go, ____ but remember:

Chorus 3   *Repeat Chorus 1*

Outro   *Repeat Intro and fade*

You Don't Know How It Feels

Words and Music by
Tom Petty

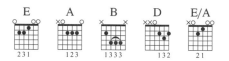

Let me run with you to-night _ I'll take you _ on a moon-light ride.

E   A   B   D   E/A

2 3 1   1 2 3   1 3 3 3   1 3 2   2 1

Intro   ‖: E   A | E   A   :‖

Verse 1
E   A
Let me run with you tonight

     E   A   E A E A
I'll take you on a moonlight ride.

E   A
There's someone I used to see

     E   A   E A E A
But she don't give a damn ___ for me.

Pre-Chorus 1
     E   B   E   A
Well, let me get to the point, let's roll another joint

     E   B   E   A
An' turn the radio loud, I'm too a - lone to be proud.

Chorus 1
     E   D   A
An' you don't know how it feels,

E   D   A   E/A
You don't know how it feels to be me.

Interlude 1 | E D A | E D A |

Verse 2

```
E                 A
People come, people go
E                       A                    E A E A
Some grow young, some grow cold.
E           A
I woke up in between
  E         A              E A E A
A memory and a dream.
```

Pre-Chorus 2

```
         E          B          E              A
So let's get to the point, let's roll another joint
          E                     B                     E          A
An' let's head on down the road, there's some - where I gotta go.
```

Chorus 2 *Repeat Chorus 1*

Interlude 2 *Repeat Interlude 1*

Instrumental ||: E A | E A :||

Guitar Solo | E D A | E D A | | 2/4 | 4/4

Verse 3
     E   A
My old man was born to rock

     E   A   E A E A
He's still tryin' to beat the clock.

     E   A
Think of me what you will

        E   A   E A E
I've got a little space to fill.

Pre-Chorus 3   *Repeat Pre-Chorus 2*

Chorus 3
       E   D   A
An' you don't know how it feels,

     E   D   A
You don't know how it feels,

       E   D   A   E/A
No, you don't know how it feels to be me.

Chorus 4   *Repeat Chorus 3*

Interlude 3   ‖:E D A |E D A :‖ | |

Outro   ‖:E A |E A :‖ *Play 5 times*
    |E   ‖